MUST READ — ANALIZA KSIĄŻKI

AF156562

Wesele Figara

• • • • • • • • • • • • • • • •

BEAUMARCHAIS

ANALIZA KSIĄŻKI

Napisany przez Lucile Lhoste
Przetłumaczony przez Kâmil Kowalski

Wesele Figara

· ·

BEAUMARCHAIS

PIERRE BEAUMARCHAIS

FRANCUSKI DRAMATURG, POETA, POLITYK I MUZYK

- **Urodził się w Paryżu w 1732 roku.**

- **Zmarł w Paryżu w 1799 r.**

- **Godne uwagi prace:**

  - *Eugénie* (1767), sztuka

  - *Cyrulik sewilski* (1775), sztuka teatral*na*

  - *Winna matka* (1792), sztuka teatralna

Pierre-Augustin Caron urodził się w 1732 roku i jest najbardziej znany pod nazwiskiem, które później przyjął, Beaumarchais, pochodzącym od "le Bois Marchais", obszaru ziemi, który należał do jego żony. Początkowo podążał zawodowo śladami ojca, który był mistrzem zegarmistrzowskim, zanim w 1759 r. wszedł do paryskich wyższych sfer jako korepetytor muzyczny córek króla Ludwika XV (1710-1774). W tym czasie zyskał reputację niepoprawnego kobieciarza, po czym został sekretarzem i radcą króla, co pozwoliło mu na podjęcie wielu obowiązków dyplomatycznych.

Pierwszy prawdziwy sukces literacki Beaumarchais odniósł w 1775 roku, kiedy to wystawiono jego sztukę *Cyrulik sewilski*. Po tym jak padł ofiarą cenzury i przestarzałych praktyk Comédie-Française (prestiżowego francuskiego teatru państwowego), w

1777 roku założył *Société des auteurs dramatiques* ("Towarzy-stwo *dramaturgów*"), które powszechnie uważa się za źródło nowoczesnej idei praw autorskich. Beaumarchais zmarł w 1799 roku.

WESELE FIGARA

PROWOKUJĄCE DO MYŚLENIA DZIEŁO KRYTYKI SPOŁECZNEJ

- **Gatunek:** sztuka teatralna (komedia)

- **Wydanie referencyjne:** Beaumarchais, P.-A. (1964) Cyrulik *sewilski i Wesele Figara*. Trans. Wood, J. London: Penguin.

- Pierwsze **wydanie:** 1784

- **Tematyka:** szlachta, uwodzenie, przywileje, wierność, klasa społeczna, polityka

Pięcioaktowa komedia prozatorska *Szaleństwo jednego dnia, czyli Wesele Figara,* znana bardziej jako *Wesele Figara,* została wystawiona po raz pierwszy w 1784 roku i jest kontynuacją Cyrulika *sewilskiego* (1775). Akcja rozgrywa się w Hiszpanii, w rezydencji należącej do hrabiego Almavivy. W *Cyruliku sewilskim* Almaviva prosił swojego lokaja Figara o pomoc w poślubieniu Rozyny, która była zaręczona ze starszym lekarzem Bartholo. Teraz Figaro chce poślubić służącą Różyny, Suzanne, ale Almaviva jest zdecydowanie przeciwny temu związkowi i robi wszystko, by go powstrzymać.

Nieprzemyślane, prowokacyjne traktowanie przez Figara swojego arystokratycznego pana sprawia, że *Wesele Figara* jest sztuką polityczną, która zapowiada nadejście rewolucji francuskiej w 1789 roku.

STRESZCZENIE

AKT PIERWSZY

Trwają przygotowania do ślubu Figara. Ma on poślubić Suzanne, która podobnie jak on pracuje dla hrabiego Almavivy. Suzanne mówi Figarowi, że Almaviva wielokrotnie robił jej podchody, próbując w *ten* sposób dochodzić swoich *praw,* kontrowersyjnego prawa feudalnego (rzekomo pozwalało ono panom feudalnym uprawiać seks ze swoimi wasalami w noc poślubną, ale jego istnienie zostało zakwestionowane przez naukowców). Figaro musi więc znaleźć wyjście z tej sytuacji.

To nie jedyne komplikacje, z jakimi boryka się Figaro: jest on również winien sporą sumę pieniędzy Marcelinie, której zaloty wcześniej odrzucił. Marcelina prosi o pomoc doktora Bartholo i próbuje wykorzystać dług, by odwołać ślub Figara. Ponadto Almaviva odkłada ślub, twierdząc, że potrzebuje więcej czasu na przygotowanie ceremonii; w rzeczywistości wciąż próbuje namówić Suzanne, by się z nim przespała. Kiedy przekonuje się, że jego stronnik Chérubin się do niej zaleca, proponuje mu daleką służbę wojskową, byleby tylko oddalić go od niej.

AKT DRUGI

W rzeczywistości Chérubin zaleca się do Rosine, a nie do Suzanne. Za zgodą i z pomocą Różyczki Figaro planuje zemścić się na hrabim, zastawiając na niego pułapkę: daje

Bazile'owi, nauczycielowi muzyki hrabiny, anonimowy list zaadresowany do niej od zalotnika, który chce ją poznać na odbywającym się tego wieczoru balu. Celem tej sztuczki jest podsycenie zazdrości Almavivy i odwrócenie jego uwagi od zbliżającego się ślubu. Figaro chce również nakłonić Chérubina (który tylko udawał, że wyjechał z wojskiem), by przebrał się w szaty Suzanne i wziął udział w nocnej schadzce z Rosine.

Kiedy Chérubin jest jeszcze w mieszkaniu Rosine, Almaviva, który wpadł w zazdrosny szał po przeczytaniu listu adreso-wanego do żony, próbuje wyważyć drzwi. Młody paź wbiega do jej prosektorium, a w trakcie kłótni udaje mu się w porę wyrzucić przez okno. Suzanne zajmuje jego miejsce, a Rosine udaje się załagodzić sytuację, upominając hrabiego za brak zaufania do niej i grożąc mu odejściem do klasztoru.

Zazdrość hrabiego prawie bierze górę, gdy ogrodnik mówi mu, że widział, jak mężczyzna wypadł z otwartego okna. Figaro musi teraz użyć całego swojego sprytu, by przekonać hrabiego, że tym człowiekiem był on, a nie Chérubin. Kiedy wydaje się, że sprawy przyszłych małżonków wracają na wła-ściwe tory, pojawia się Marcelina i twierdzi, że Figaro musi się z nią ożenić, ponieważ nie spłacił swojego długu wobec niej.

AKT TRZECI

Dochodzi do pierwszej bezpośredniej kontrontacji między Figarem a Almavivą, gdyż hrabia nie jest przekonany, że czło-wiek, który spadł z okna, to rzeczywiście jego lokaj.

Kilka godzin później na zamku rozpoczyna się proces sądowy między Figarem a Marceliną. Twierdzi się, że Figaro wcześniej obiecał poślubić Marcelinę, jeśli nie odda jej pieniędzy, które mu pożyczyła. Prowadzi to do dyskusji pomiędzy broniącym się Figarem a adwokatem Marceliny, Bartholo. Ponieważ dokument określający pożyczkę nie jest już czytelny, sąd nie wie, czy Figaro jest zobowiązany do zwrotu pieniędzy i poślubienia Marceliny, czy też małżeństwo jest rekompensatą w przypadku, gdy nie zwróci on swojego długu.

Figaro twierdzi, że ponieważ jest sierotą, nie może uzyskać zgody rodziców i dlatego nie może się ożenić. Marcelina rozpoznaje bliznę na jego lewym ramieniu i zdaje sobie sprawę, że jest to syn, którego miała z Bartholo. Rosine oferuje Suzanne posag, co oznacza, że ślub może odbyć się natychmiast.

AKT CZWARTY

Teraz, kiedy wszystko wydaje się być gotowe do ślubu Suzanne i Figara, hrabina pomaga zaaranżować spotkanie Suzanne i Almavivy, aby zastawić pułapkę na zazdrosnego hrabiego.

Na zamku organizowane jest drugie wesele, tym razem między Bartholo i Marceliną. Wiele lat wcześniej podpisali obietnicę, że jeśli Marcelina odnajdzie dziecko, które porwali jej bandyci, wezmą ślub.

AKT PIĄTY

Figaro dowiaduje się, że Suzanne zgodziła się na nocną schadzkę z hrabią. Pogrąża się w rozpaczy i wygłasza długi monolog na temat kobiecej wierności i przywilejów wynikających z urodzenia. Kiedy widzi nadchodzącą Suzanne, ukrywa się w parku. W rzeczywistości kobieta jest Hrabiną, która przebrała się za swoją służącą, aby oszukać męża. Almaviva przybywa na miejsce i myśli, że oczarowuje Suzanne; nie wie, że oferuje posag i diament własnej żonie. Tymczasem Chérubin flirtuje z Suzanne w błędnym przekonaniu, że jest ona hrabiną. Hrabia orientuje się, że to podstęp, a ślub Suzanne i Figara odbywa się z dodatkowym posagiem.

STUDIUM POSTACI

FIGARO

Po porwaniu przez bandytów w dzieciństwie, Figaro został bez prawdziwego chrześcijańskiego imienia i bez tytułów szlacheckich. Twierdzi, że próbował swoich sił we wszystkich możliwych zawodach, zanim zaczął pracować jako fryzjer w Sewilli. To właśnie tam poznał hrabiego Almavivę; został jego lokajem i pomógł mu uratować Rosine ze szponów Bartholo.

Cechą charakterystyczną Figara jest jego spryt: jest on archetypicznym lokajem, który używa przebrań i kłamstw, aby oszukać swojego pana. Odmawia podporządkowania się sztywnym konwencjom społecznym swoich czasów, a jego niezwykła szczerość graniczy czasem z bezczelnością, gdy rozmawia z arystokratami lub prawnikami.

Jest szaleńczo zakochany w Suzanne i gotów jest zrobić wszystko, by uniemożliwić hrabiemu Almavivie uwiedzenie jej. Jest świadomy ograniczeń, jakie nakłada na niego jego pozycja społeczna i buntuje się przeciwko niej raczej za pomocą języka niż jawnej przemocy. W istocie, jego niezliczone prowokacyjne odpowiedzi wynikają z desperacji wobec miejsca, jakie zajmuje w społeczeństwie.

Jest centralną postacią sztuki, której strukturę tworzą jego niespodziewane pojawienia się. Zwraca się bezpośrednio do widzów w licznych asydach, które służą budowaniu sympatii do niego.

SUZANNE

Suzanne jest młodą służącą, która jest całkowicie oddana Hrabinie, a jej bezpośredniość czyni ją żeńskim odpowiednikiem Figara. Z natury jest zdecydowana i sardoniczna, zwłaszcza w kontaktach z mężczyznami. Różnice w klasie społecznej nic dla niej nie znaczą i łączy siły z Rosine, by za pomocą przebrań oszukać Almavivę.

Jej działania w spektaklu są porywające, komiczne i dynamiczne. Jest jedną z nielicznych postaci kobiecych w repertuarze Comédie-Française, która nie jest naiwną ingénue wciągniętą w pułapkę przez sprytnego uwodziciela; przeciwnie, jest przebiegła i zazdrosna w swoim związku z Figarem.

HRABIA ALMAVIVA

Hrabia jest potężnym człowiekiem i właścicielem zamku Aguas-Frescas. Jest przebiegły, sardoniczny, zazdrosny i podejrzliwy. Nie cofnie się przed niczym, by dostać to, czego chce i próbuje wykorzystać swoją pozycję, by zmusić Suzanne do przespania się z nim. Nawet jego żona określa go jako "tyrana". Jest niepoprawnym kobieciarzem, ale nie potrafi poradzić sobie z porażką czy jakimkolwiek sprzeciwem wobec swoich planów. W tym sensie można go postrzegać jako reprezentanta władzy i sztywnych zasad panujących w Ancien Régime (system społeczny we Francji przed Rewolucją Francuską, 1515-1789).

Interesujące jest to, jak Almaviva ewoluuje jako postać: mimo że Figaro umożliwił mu małżeństwo z Rosine, nie wydaje się czuć wdzięczności wobec swojego lokaja i spędza całą sztukę, próbując uwieść swoją narzeczoną. Dopiero gdy zdaje sobie sprawę, że został oszukany, jest zmuszony pozwolić Figarowi i Suzanne na ślub.

HRABINA ROSINE

Rosine jest jedyną postacią w sztuce, która przełamała bariery społeczne, gdyż z niearystokratycznych początków awansowała na hrabinę. Nie zapomniała jednak o swoich korzeniach: decydując się na pomoc Suzanne, oszukuje męża i wyraźnie sprzeciwia się jego zasadom. Z natury jest szczodra i wesoła, a swoją frywolną stronę pokazuje, gdy flirtuje z Chérubinem.

Jest w pełni świadoma zamiarów męża wobec Suzanne i krytycznie nastawiona do mężczyzn w ogóle. Mimo że jest mężatką, wykazuje inicjatywę i niezależność, postanawia oszukać męża, aby go odzyskać i udowodnić mu swoją wartość.

MARCELINE

Marcelina początkowo wydaje się być postacią drugoplanową, ale w miarę upływu czasu odgrywa coraz ważniejszą rolę w fabule, aż do zaskakującego odkrycia, że tak naprawdę jest matką Figara. Zmieniają się też jej priorytety: na początku sztuki jest zdeterminowana, by odzyskać należne jej pieniądze lub poślubić Figara, stawiając się w ten sposób w roli rywalki Suzanne, ale później wchodzi w rolę opiekuńczej matki i pomaga dopilnować, by ślub się odbył.

Postać ta służy również do wprowadzenia tematu pozycji kobiet w społeczeństwie, gdyż jest jawnie krytyczna wobec mężczyzn i ich często egoistycznych zachowań: na przykład Bartholo spłodził z nią dziecko, ale potem odmówił poślubienia jej.

CHÉRUBIN

Nastoletni stronnik hrabiego, Chérubin, jest zakochany w hrabinie. Jest jej beznadziejnie oddany, posuwa się nawet do stwierdzenia, że wolałby umrzeć niż wyrządzić jej krzywdę: "Rzuciłbym się i do samego ognistego dołu […], byleby jej nie stała się krzywda" (Akt 2, Scena XIV). W rzeczywistości jego wyrazy miłości są tak przesadzone, że graniczą z parodią.

Podejmuje wielkie ryzyko, by zobaczyć się z Rozyną i prawie zostaje złapany w II akcie (ratuje go Figaro, który udaje, że odwiedza hrabinę). Nieświadomie zostaje wciągnięty w finałową intrygę i zaczyna flirtować z Suzanne, ponieważ myśli, że to ona jest Różyczką, co ośmiesza go.

BARTHOLO

Bartholo, starszy lekarz z Sewilli, ma w tej sztuce mniejszą rolę niż w *Cyruliku sewilskim,* w którym był zdecydowany poślubić Rozynę. Przypomina on starszych mężczyzn z klasycznych komedii, gdyż jest chciwy i szybkostrzelny, a do tego próbuje przyciągnąć znacznie młodszą kobietę.

W *Weselu Figara* służy jako adwokat Marceliny w jej procesie sądowym przeciwko Figarowi. Nie chce też przyznać, że Figaro jest jego synem.

ANALIZA

KONTROWERSYJNA SZTUKA POLITYCZNA

Prowokacyjna treść

Wesele Figara odniosło natychmiastowy sukces, między innymi dzięki lekkiemu, dynamicznemu tonowi i reparacji Figara. Sztuka zawdzięcza jednak swój sukces także kontrowersyjnym ideom i treściom politycznym. Bohaterem sztuki jest bowiem służący, który przeciwstawia się swemu panu, gdy ten próbuje nadużywać przywilejów, jakie daje mu jego pozycja społeczna. Mimo pozornie lekkiego, komicznego tonu sztuki, jej krytyczny wymiar jest niezaprzeczalny.

Królewska cenzura

Beaumarchais obawiał się, że jego sztuka może być zbyt wywrotowa, a jego obawy okazały się uzasadnione: Król Ludwik XVI (1754-1793) nakazał ją ocenzurować, ponieważ uznał ją za zbyt krytyczną wobec szanowanych osób i organizacji. Choć autor starał się przedstawić swoją sztukę jako humorystyczną historię miłosną, nie mógł uniknąć interpretacji bardziej krytycznej, zwłaszcza że w przedmowie napisał, że rolą teatru jest obnażanie ukrytych wad i nadużyć osób sprawujących władzę.

W *Weselu Figara* Beaumarchais jest bardziej krytyczny wobec ancien regime'u i jego obyczajów niż w *Cyruliku sewilskim*. Almaviva może być postrzegany jako reprezentacja wszechmocnej monarchii absolutnej, biorąc pod uwagę, że jego żona i służba nie mają wyboru i muszą być mu posłuszni. Na przykład, gdy podejrzewa, że Chérubin jest kochankiem hrabiny, grozi, że wyśle go daleko. Jednak mimo swojej władzy nie jest w stanie zdobyć Suzanne. Jego chęć uwiedzenia jej okazuje się być jego upadkiem: Figaro, Suzanne i Rosine zdają sobie sprawę z jego słabości i wykorzystują ją do zastawienia pułapki, która ośmiesza go, ponieważ kiedy myśli, że zaleca się do Suzanne, w rzeczywistości flirtuje z własną żoną. Oznacza to, że postać reprezentująca władzę w sztuce wzbudza raczej śmiech niż podziw.

Kiedy sztuka została wystawiona po raz pierwszy, idee, które mogła wyrazić, były ograniczone przez cenzurę. Na przykład, monarchia została wzburzona przez krytykę Beaumarchais'a wszechwładzy i niezasłużonych przywilejów, którymi cieszą się najpotężniejsi członkowie społeczeństwa, a także przez jego krytykę systemu sprawiedliwości, który wydaje się śmieszny w sprawie sądowej między Marceliną i Figarem. Sztuka jest również bardzo krytyczna wobec polityki, Figaro twierdzi, że jest ona niczym więcej niż intrygą i oszustwem..:

> *"[To grać rolę dobrze lub źle, zachęcać szpiegów i nagradzać zdrajców, manipulować pieczęciami, przechwytywać listy i starać się zrekompensować ubóstwo środków przez wyolbrzymianie wagi swoich celów – oto wszystko, co jest w polityce, albo ja się niestety mylę." (Akt 3, Scena V)*

Zwiastun rewolucji francuskiej?

O sile oddziaływania sztuki świadczy fakt, że dwie wielkie postacie polityczne, a mianowicie Georges Danton (francuski prawnik i polityk, 1759-1794) i Napoleon Bonaparte (francuski generał, pierwszy konsul i cesarz Francuzów, 1769-1821), uważali, że działania Figara zapowiadają rewolucję francuską. W fabule dochodzi do licznych odwróceń ról: Figaro przeciwstawia się swojemu panu; kobiety odmawiają ukłonu wobec stawianych im oczekiwań posłuszeństwa; a słudzy buntują się przeciwko władzy, która rządzi ich życiem, gdy ta przeszkadza im w uzyskaniu tego, czego pragną.

Beaumarchais krytykuje również niezasłużone przywileje leżące u podstaw nierówności społecznych. W systemie feudalnym, który panował do 1789 roku, społeczeństwo opierało się na przywilejach feudalnych (szczególne prawa, które dotyczyły pewnych grup społecznych, z wyłączeniem wszystkich innych), które miały być gwarantowane przez króla. Wynikające z tego nierówności ukazane są w sztuce poprzez fakt, że Hrabia ustala zasady, a wszyscy inni nie mają wyboru i muszą być mu posłuszni. Rosine i służbie znacznie trudniej jest uzyskać to, czego chcą, niezależnie od tego, jak bardzo się starają:

> *"Szlachetność, fortuna, ranga, pozycja! Jaką dumą napawają one człowieka! Co zrobiłeś, żeby zasłużyć na takie korzyści? Przyłożyć się do trudu urodzenia – nic więcej! Co do reszty – bardzo zwykły człowiek! Podczas gdy ja, zagubiony wśród ciemnego tłumu, musiałem wykorzystać więcej wiedzy, więcej kalkulacji i umiejętności, by tylko przetrwać, niż wystarczyło, by rządzić wszystkimi prowincjami Hiszpanii przez sto lat! A jednak mierzysz się ze mną…" (Akt 5, Scena I)*

Niesprawiedliwość ta stanowi podatny grunt dla buntu i wkrótce służba zaczyna walczyć o prawo do podejmowania własnych decyzji. Nie chcą już stosować tyle pomysłowości za tak małe wynagrodzenie, a po tym, jak Figaro wykorzystuje swój spryt, by stanąć na czele buntu, niezasłużone przywileje zostają na jakiś czas zniesione.

Niektórzy autorzy i krytycy widzą w świadomym społecznie pisarstwie Beaumarchais zwiastun, a nawet przyczynę Rewolucji Francuskiej. Choć jest to być może zbyt śmiałe twierdzenie, nie da się zaprzeczyć, że *Wesele Figara* odzwierciedla ten sam klimat polityczny, który dał początek Rewolucji.

OŻYWIENIE TEATRU KOMICZNEGO

W swoich teoretycznych pismach na temat teatru Beaumarchais przekonywał, że gatunek musi się zmienić, by stać się bardziej płynny i wyrazisty. Określił *Wesele Figara* jako poważną sztukę, ponieważ łączy w sobie zarówno elementy tragiczne, jak i komiczne. Zawiera wiele klasycznych cech komedii i farsy, w tym:

- parowanie pan-sługa, ze sługą, który jest bardziej przebiegły niż jego pan;

- postacie przebierające się lub ukrywające w takich miejscach jak szafy;

- zagmatwane sytuacje lub alteracje między bohaterami;

- dramatyczny zwrot akcji i odkrycie zaginionego dziecka;

- postacie niższego stanu lekceważące autorytet swoich panów lub starszych.

Jednak sztuka ta zawiera również wiele nowatorskich elementów. Inaczej niż w *Cyruliku sewilskim* pan i lokaj nie stoją już po tej samej stronie, są raczej romantycznymi rywalami. Ponadto lokaj cieszy się niezwykłą swobodą wypowiedzi, otwarcie krytykując szlachtę i jej przywileje, a także system prawny. Oznacza to, że rola Figara nie ogranicza się do zabawiania publiczności: jest on rzecznikiem, przez którego wyrażane są liczne postulaty społeczne.

Wreszcie, postacie kobiece w sztuce są szczególnie silne i niezależne, zastanawiają się nad pozycją kobiet w społeczeństwie i pojęciem wierności.

 ## ZWIĄZEK MIĘDZY *"WESELEM FIGARA"* A *"CYRULIKIEM SEWILSKIM"*

W ujęciu chronologicznym *Wesele Figara rozgrywa się* jakiś czas po Cyruliku *sewilskim*. W *Cyruliku sewilskim* Almaviva zaleca się do Rozyny, która na tym etapie jest prostytutką, sierotą i podopieczną Bartola. Figaro, który już w pierwszej sztuce jest służącym Almavivy, pomaga w doprowadzeniu do ślubu.

Almaviva, Figaro, Rosine i Bartholo pojawiają się ponownie w drugiej sztuce, w towarzystwie nowych postaci, takich jak Marceline (która nie pojawiła się, ale była wspominana w *Cyruliku sewilskim*), Suzanne i Chérubin. Te dodatki służą podwójnemu celowi: po pierwsze, uzasadniają nową fabułę (Marcelina odgrywa rolę w ostatecznym objawieniu, Suzanne jest narzeczoną Figara i obiektem zainteresowania Almavivy aż do ostatniego aktu, a Chérubin nieświadomie uczestniczy w końcowym nieporozumieniu); po drugie, pozwalają Beaumarchaisowi wprowadzić nowe wątki i relacje między bohaterami.

TECHNIKI KOMICZNE
W *"WESELU FIGARA"*

Beaumarchais wykorzystuje wiele technik, aby rozśmieszyć publiczność, w tym tworzenie niepasujących sytuacji i włączenie zabawnych zwrotów akcji. W szczególności w sztuce pojawiają się:

- **Powtórzenie.** Może to być powtórzenie wizualne (na przykład Suzanne i Marceline kurtyzują wielokrotnie, gdy kłócą się przed Bartholo w Akcie 1, Scenie V) lub słowne (na przykład w Akcie 5, Scenie XVIII, Hrabia wielokrotnie mówi "Nie, nie", podczas gdy inne postacie klękają przed nim).

- **Inwersja.** Jak sama nazwa wskazuje, inwersja działa poprzez odwrócenie sytuacji wyjściowej. W akcie 5, scenie VIII, Figaro wierzy, że Suzanne jest mu niewierna, nie wiedząc, że ona i Rosine przebrały się za siebie, aby zastawić pułapkę na Almavivę. Zdaje sobie sprawę z tego, co się dzieje, gdy jest sam na sam z Suzanne (przebraną za Rozynę), ale nie daje po sobie poznać, że wie i obraca jej próby uwodzenia przeciwko niej:

> *"Figaro [z komicznym udawaniem wzruszenia]: Ach, pani, uwielbiam panią! Weź pod uwagę czas, miejsce i okoliczności – i niech Twoja niechęć wynagrodzi wszelkie łaski, których brakuje moim błaganiom!*
>
> *Suzanne [na bok]: Ręką mnie swędzi!*
>
> *Figaro: Serce mi wali!"*

Kiedy przebranie Suzanne zostaje ujawnione, policzkuje ona Figara dwa razy, a następnie bije go; wywołuje to śmiech publiczności, ponieważ jest to tak nieoczekiwane.

- **Nieporozumienia.** Akt 5 jest pełen nieporozumień. Fakt, że Rosine przebrała się za Suzanne, a Suzanne za Rosine prowadzi do wielu humorystycznych pomyłek. Przebranie jest klasyczną cechą komedii i dodaje humoru, ponieważ widzi postacie noszące ubrania, które do nich nie pasują.

Do bardziej nowatorskich elementów komicznych należy zaliczyć rolę scenografii, która zmienia się w każdym akcie: pokój z chorym krzesłem w akcie pierwszym, inny, bardziej luksusowy pokój dla Hrabiny w akcie drugim, sala sądowa w akcie trzecim, galeria w akcie czwartym i zamkowe ogrody w akcie piątym. Sceneria przyczynia się do komicznego aspektu epizodów sztuki: na przykład w akcie 1 Chérubin chowa się pod krzesłem, a następnie wyskakuje przez okno, aby uniknąć złapania.

TEMAT MIŁOŚCI

Jak sugeruje tytuł, miłość jest głównym tematem sztuki, która przedstawia kilka różnych romantycznych związków:

- Miłość Figara i Suzanne jest całkowicie szczera. Poza krótkotrwałym błędnym przekonaniem Figara, że Suzanne jest mu niewierna, nic nie jest w stanie zachwiać ich uczuciem do siebie. Żadne z nich nie musi uciekać się do podstępu czy manipulacji, by zdobyć drugą osobę.

- Chérubin jest beznadziejnie zakochany w Rosine i wlewa całą swoją energię w próby oczarowania jej. Śpiewa o niej i kradnie jedną z jej wstążek, którą bardzo sobie ceni. Jego miłości do niej towarzyszy namiętne młodzieńcze pożądanie.

- Po tym jak Almaviva, wykorzystując swój spryt, poślubia Rosine, próbuje nawiązać romans z Suzanne. W ten sposób powstaje jedyny w sztuce trójkąt miłosny.

Fabuła napędzana jest przez romantyczne uczucia bohaterów, co skutkuje wieloma zwrotami akcji i komicznymi scenami.

MONOLOG FIGARA

Monolog Figara z aktu 5, sceny III, w którym obszernie omawia on swoją sytuację i zainteresowania, jest jednym z najsłynniejszych fragmentów w teatrze francuskim. W tym momencie sztuki wierzy, że Suzanne woli hrabiego Almavivę od niego i martwi się, że jego ślub nie dojdzie do skutku. Jego zazdrość i nieszczęście prowadzą go do opisania całej historii swojego życia, aby pokazać, że jest nieskończenie bardziej zasłużony niż jego domniemany rywal.

Tekst obraca się wokół dwóch kluczowych tematów: miłości i okoliczności społecznych. Podczas tego monologu Figaro wypowiada jedną z najsłynniejszych kwestii w sztuce, atakując fakt, że Hrabia nie osiągnął swojej pozycji społecznej dzięki własnym zasługom: "Ty utraciłeś siebie przez to, że się urodziłeś – nic więcej!". Jego romantyczne rozczarowanie pogłębia więc ból, jaki odczuwa z powodu ogromnej przepaści dzielącej go od Almavivy, wynikającej w dużej mierze z ich diametralnie różnego pochodzenia społecznego.

Mowa Figara jest jednym z najdłuższych monologów w historii teatru, co jest szczególnie godne uwagi, jeśli weźmiemy pod uwagę okres, w którym sztuka została napisana, gdyż tak obszerne solilokwia były wtedy jeszcze rzadsze niż dzisiaj. Monolog jest niezwykle gęsty i omawia szereg zmartwień Figara:

- Monolog zaczyna się i kończy jego obawami związanymi z rzekomą zdradą Suzanne.

- Wielokrotnie przywołuje skrajną nędzę, w której się znalazł, co uważa za szczególnie niesprawiedliwe, gdyż jest uczciwym człowiekiem. Wychowany przez bandytów, próbował się od nich oddalić, zdobywając wykształcenie, ale gdy okazało się to poza jego zasięgiem, zwrócił się w stronę teatru. Wiele przeżył i pracował w wielu zawodach, ale ostatecznie tylko praca jako lokaj zapewnia mu pewną stabilizację.

- W drugiej połowie monologu twierdzi, że ludzie potężni często uciekają się do kradzieży, co służy umocnieniu ich pozycji. Figaro wychował się w środowisku, w którym kradzieże były na porządku dziennym, ale kiedy próbował zostawić je za sobą, zrozumiał, że może się utrzymać tylko dzięki oszustwu i sprytowi. Uważa, że jest ofiarą najgorszego rodzaju kradzieży, ponieważ Almaviva próbuje odebrać mu narzeczoną.

- Wreszcie wyraża obrzydzenie z powodu różnic między nim a Almavivą, które wynikają wyłącznie z ich społecznego pochodzenia. Figaro musi walczyć o te same przywileje, które zawsze przysługiwały Almavivie wyłącznie z racji urodzenia, ale i tak nie udaje mu się ich osiągnąć, nawet w relacjach osobistych (uważa bowiem, że Suzanne była mu niewierna).

W ten sposób Beaumarchais potępia niektóre aspekty osiemnastowiecznego społeczeństwa, ale sytuacja, którą przedstawia, wydaje się beznadziejna – z jednej strony szlachta i jej niezasłużone przywileje, a z drugiej zwykli ludzie, którzy są rozgoryczeni, ponieważ nie mogą uzyskać tych samych przywilejów bez względu na to, jak ciężko pracują. Kontrowersyjny wymiar polityczny monologu sprawia, że jest on, jak i cała sztuka, punktem zwrotnym w twórczości Beaumarchais'go.

DALSZA REFLEKSJA

KILKA PYTAŃ DO PRZEMYŚLENIA...

- W jaki sposób monolog Figara w akcie 5, scenie III jest reprezentatywny dla całej sztuki?

- Skomentuj ripostę Figara skierowaną do Almavivy, że "[ty] [p]utraciłeś siebie, że się urodziłeś – nic więcej!".

- Czym Figaro różni się od waletów przedstawionych w komediach Moliera (francuski dramaturg, 1622-1673) i Marivaux (francuski pisarz, 1688-1763)? Co czyni go oryginalnym?

- *Wesele Figara* jest kontynuacją Cyrulika *sewilskiego*. Czy uważasz, że bohaterowie rozwinęli się pomiędzy tymi dwoma sztukami? Użyj przykładów, aby zilustrować swoją odpowiedź.

- *Wesele Figara* jest komedią, co oznacza, że jej celem jest rozśmieszenie publiczności. Jakie techniki komiczne stosuje Beaumarchais?

- Dlaczego można powiedzieć, że sztuka zapowiadała rewolucję francuską w 1789 roku?

- Skomentuj następujący cytat ze sztuki: "Jeśli nie ma wolności krytykowania, pochwały nie mają wartości" (Akt 5, Scena III).

- *Wesele Figara* było cenzurowane podczas nazistowskiej okupacji Francji (1940-1944). Jak myślisz, które fragmenty zostały stłumione i dlaczego?

- Czy uważasz, że Beaumarchais był mizoginem czy obrońcą kobiet? Uzasadnij swoją odpowiedź.

DALSZE CZYTANIE

WYDANIE REFERENCYJNE

Beaumarchais, P.-A. (1964) Cyrulik *sewilski i Wesele Figara*. Trans. Wood, J. London: Penguin.

BADANIA REFERENCYJNE

Ehrndal, N. (2007) Femmes, révolution et effets comiques dans *Le Mariage de Figaro de* Beaumarchais. *Europeana Collections*. [Online]. [Dostęp 27 sierpnia 2018]. Dostępny w: <https://www.europeana.eu/portal/en/record/9200111/Bibliographic Resource_1000085949593.html>.

(Bez daty) Le Mariage de Figaro. *Mount Holyoke*. [Online]. [Dostęp 27 sierpnia 2018]. Dostępny w: <https://www.mtholyoke.edu/courses/nvaget/331sp08/lemariage.html>.

Skenazene, I. (No date) Les divers aspects du comique dans *Le Mariage de Figaro*: convention et innovation. *Academia.edu*. [Online]. [Dostęp 27 sierpnia 2018]. Dostępny w: <http://www.academia.edu/24724077/LES_DIVERS_ASPECTS_DU_COMIQUE_DANS_LE_MARIAGE_DE_FIGARO_CONVENTION_ET_INNOVATION>.

ADAPTACJE

Wesele Figara. (1786) [Opera]. Wolfgang Amadeus Mozart. Wiedeń.

Beaumarchais – łajdak. (1996) [Film]. Édouard Molinaro. Dir. Francja: Téléma, StudioCanal, France 2 Cinéma, France 3 Cinéma.

Chcemy usłyszeć od Ciebie, co się dzieje!
Zostaw komentarz na temat swojej internetowej biblioteki
i podziel się swoimi ulubionymi książkami w mediach społecznościowych!

MUST READ

Dlaczego warto wybrać Must Read?

Dowiedz się wszystkiego, co musisz
wiedzieć o książce dzięki naszym zwięzłym i
dogłębnym streszczeniom i analizom!

Odkryj to, co najlepsze w literaturze
w zupełnie nowym świetle!

www.50minutes.com

www.50minutes.com

Master ISBN: 9782808694636
Papierowy ISBN: 9782808616034
Depozyt prawny: D/2023/12603/1883

Verhaal: © Primento

Projekt cyfrowy: Primento, cyfrowy partner wydawców.